성경요절 읽기기도 · 밑글필사

흠 없는 것으로 드릴지니

레 1~ 민 18장

한치호 목사 기도

최경제 일러스트

문서사역
|종|려|가|지|

| 이 책의 1쇄본 제작에 펀딩해 주셨습니다. |

고삼규, 곽수진, 권석근, 김동성, 김보미, 김성옥, 김정현, 김진경,
노승칠, 안민영, 안은숙, 최상주, 최성윤, 최정은, 한 영

날마다 하나님께 가깝게

이강은 목사
영광교회 당회장, 경향노회 전노회장

오늘의 시대를 가리켜 무관심과 무감각과 무기력의 시대 즉 3무(3無) 시대라고 하는데, 영적으로도 3무(無)의 시대라고 여겨집니다. 현대인들은 영적으로도 무감각과 무관심, 무기력에서 살아간다고 말할 수 있습니다.

오늘날은 양식이 없어 주림이 아니며 물이 없어 갈함이 아니라 여호와의 말씀을 듣지 못한 기갈이 되었습니다(암8:11). 이러한 때에 하나님의 책 『성경요절 읽기기도문』을 출간하게 되어 큰 기쁨으로 하나님께 영광을 돌립니다.

성경은 여호와의 책이요, 하나님의 말씀입니다(잠30:5). 생명의 말씀이며(빌2:16) 은혜의 말씀이고(행14:3), 의의 말씀이며(히5:13) 진리의 말씀(딤후2:15)입니다.

성경에서 유일하신 참 하나님을 발견하고, 우리의 구주가 되시는 예수 그리스도를 만나며, 성령의 감동하심을 입어 하늘의 보좌를 바라보아 하나님의 나라를 유업으로 얻게 되시기 바랍니다. 그리하여 이 말씀을 읽고 듣고 지키는 복 있는 자들이 되어(계1:3) 모든 일이 다 형통하시기 바랍니다(시1:3). 어디로 가든지 앞길이 평탄하고 형통하시기 바랍니다(수1:8).

할렐루야!!

레 1:3
그 예물이 소의 번제이면 흠 없는 수컷으로 회막 문에서
여호와 앞에 기쁘게 받으시도록 드릴지니라

여호와 앞에 기쁘게 받으시도록

하나님 아버지,
하나님께 번제의 예물을 드릴 때 '흠 없는' 것으로 여호와께서 기쁘게 받으시도록 드리라 하시니 감사합니다. 하나님께 드림에서는 제일 먼저, 가장 좋은 것을 드리되, 드리는 손이 깨끗해야 할 줄로 믿습니다.
오늘, 저에게 은혜로 하나님께 드림을 즐거워하게 하셨습니다. 지금까지 지내오면서 크던지 적던지 예물을 드려왔는데, 저의 드림을 생각해 봅니다. 과연, 드림을 통해서 하나님께의 영광을 인정해드렸는지 저의 손을 다시 보게 됩니다.
감사가 넘쳐야 했건만 마음에 감격이 없이 의식적인 드림은 아니었는지요? 예물의 의미보다 직분이나 명예를 지키려는 행위는 아니었는지요? 하나님을 기쁘시게 해드리는 예물로서의 드림은 몇 번이나 되었는지를 돌아봅니다. 드림이라는 행위로 하나님을 모욕하지 않기를 원합니다.
저의 드림이 하나님께 거룩하여 받으시는 하나님께 합당한 예물이어야 한다는 것을 깨닫습니다. 혹시라도 불의한 이익에서 거둔 것을 드리지 않게 하시옵소서.
'예물을 드림'을 예배로서의 한 표현으로 경험하고 싶습니다. 이제부터는 주머니에서 꺼내어 바로 드리는 예물이 되지 않게 하시옵소서.
예수님의 이름으로 기도합니다. 아멘

그 예물이 소의 번제이면
흠 없는 수컷으로 회막 문에서
여호와 앞에 기쁘게 받으시도록
드릴지니라

나에게 주신 은혜 

레 2:2(하)
기념물로 제단 위에서 불사를지니 이는
화제라 여호와께 향기로운 냄새니라

여호와께 향기로운 냄새

하나님 아버지,
기념물로 제단 위에서 불살라 여호와께 향기로운 냄새로 드리라 하시니 감사합니다. 무릇 하나님께 드리려는 예물은 여호와께 향기로운 냄새여야 할 줄로 믿습니다.
제단에 올려놓는 제물에서 하나님을 기쁘시게 해드리는 향기가 풍겨나야 한다는 것을 깨닫습니다. 오늘, 저는 하나님께 어떤 냄새로 다가가고 있는지요? 제가 하나님께 드림이 된다고 할 때, 오직 여호와 앞에서만 향기 나는 제물이 되게 하시옵소서.
이 땅에 있는 것들에서는 냄새가 나는 것을 압니다. 저의 삶이 예배가 되고, 제물로 드려지는 것이 되어, 향기로운 냄새가 되어야 함을 생각합니다. 사실, 저는 이미 하나님께 드려진 제물이라고 깨닫습니다.
이에, 제가 하나님께 향기로운 냄새가 되게 하시옵소서. 이 요청이 오늘의 첫 간구가 되게 하시옵소서. 이로써 오늘을 살아가는 것이 여호와께 드려지는 고운 향기가 되게 하시옵소서.
그 향기가 제가 머물러 있는 곳을 진동하게 하시옵소서. 오늘, 만나는 사람들에게 아름다움이 되게 하시옵소서. 사람들 앞에서 착하고 정직하며 사랑을 베풀어 그들이 하나님께 영광을 돌리게 하시옵소서.
예수님의 이름으로 기도합니다. 아멘

기념물로 제단 위에서
불사를지니 이는 화제라
여호와께 향기로운 냄새니라

나에게 주신 은혜

레 3:1
사람이 만일 화목제의 제물을 예물로 드리되 소로 드리려면
수컷이나 암컷이나 흠 없는 것으로 여호와 앞에 드릴지니

흠 없는 것으로 여호와 앞에

하나님 아버지,
화목제의 제물을 예물로 소를 드릴 때, 흠 없는 것으로 여호와께 드리라 하시니 감사합니다. 하나님과 사람 사이에 화평과 친교를 누리도록 이 제사를 지내라 하신 줄로 믿습니다. 하나님께서 화평을 선물로 주신 은혜를 생각합니다.
이 제사로 말미암아 하나님과의 화목을 유지하게 하셨습니다. 그리고 사람들과의 화목을 지키게 하셨습니다. 그래서 제사를 드린 후에, 제물로 삼은 소나 양, 염소 등을 사람들과 나누라 하심이었음을 깨닫습니다.
그때, 제사를 받으신 하나님 앞에서 동일한 제물로 함께 먹으면서 평화를 누림이 얼마나 감격스러웠을까요?
오늘, 하나님과 함께 하는 예배의 현장에서 함께 하는 지체들과 나눔을 모르고 있는 저를 돌아봅니다.
하나님께 드리는 제물, 흠 없는 것으로 드리라 하심에서 제물이 되어주신 주님을 생각합니다.
주님께서 하나님과 죄인들 사이에 친교와 화평을 위하여 친히 화목제의 희생 제물이 되어주셨음을 깨닫습니다. 주님께서 화목제의 희생이 되어 주셔서 저에게 하나님께 나아가 경배할 수 있는 친교와 화평의 길이 열리게 되었음을 생각하면서 감격으로 지내게 하시옵소서.
예수님의 이름으로 기도합니다. 아멘

사람이 만일 화목제의 제물을

예물로 드리되 소로 드리려면

수컷이나 암컷이나 흠 없는

것으로 여호와 앞에 드릴지니

나에게 주신 은혜

레 4:2
이스라엘 자손에게 말하여 이르라 누구든지
여호와의 계명 중 하나라도 그릇 범하였으되

하나라도 그릇 범하였으되

하나님 아버지,
여호와의 계명 중 하나라도 그릇 범하였을 때, 속죄제물을 여호와께 드리라 하시니 감사합니다. 죄를 저질렀을 때, 그 죄의 덫에 갇히지 않고, 죄 사함을 받아 하나님께로부터 떨어지지 않게 하신 줄로 믿습니다.
하나님께서는 인생에게 지켜 행하도록 세워지고 명령된 '계명', '규례', '제도'를 주셨음을 생각합니다. 그러나 사람은 무지하여 죄를 인식하지 못하여 하나님께서 미워하시는 행실에 손을 댈 수 있음을 깨닫습니다.
만일, 저에게 자신의 죄를 회개하도록 하시지 않으셨다면 어찌하겠습니까? 회개하도록 은혜를 주시니 하나님의 사랑에 감격합니다. 죄는 제가 저질렀는데, 구속의 길을 열어주셨으니 감사합니다. 오늘을 지내면서 '속제의 제사'를 주심에서 하나님의 우리를 사랑하심을 깨닫게 하시옵소서. 죄 사함의 길을 열어 주셨으니 그 은혜에 감격합니다. 곧 제사는 하나님의 사랑이라고 깨닫습니다. 이제, 한 날을 지내면서 '그릇 범하지' 않으려고 자신에게 다짐합니다.
-하나님께서 세우신 것을 법규처럼 여겨 주목하게 하시옵소서.
-하나님께서 주신 말씀을 잊지 않고, 늘 지켜 행하게 하시옵소서.
-하나님께 혹시라도 실수가 되지 않도록 민감하게 하시옵소서.
예수님의 이름으로 기도합니다. 아멘

이스라엘 자손에게

말하여 이르라

누구든지 여호와의 계명 중

하나라도 그릇 범하였으되

나에게 주신 은혜

레 5:9
그 속죄제물의 피를 제단 곁에 뿌리고
그 남은 피는 제단 밑에 흘릴지니 이는 속죄제요

곁에 뿌리고, 밑에 흘릴지니

하나님 아버지,
그 속죄제물의 피를 제단 곁에 뿌리고, 제단 밑에 흘리라 하시니 감사합니다. 죄 사함을 위한 속죄제에서는 피가 요구되고, 이 피가 있음으로 속죄의 은총이 있는 줄로 믿습니다.
제사를 드리는 제단에서 흘려지는 피, 그 피는 주님께서 갈보리에서 흘려주실 피를 내다보게 하심이라고 깨닫습니다. 피를 뿌리고, 피를 흘리는 데서 주님의 보혈을 보게 하시니 감격합니다.
속죄의 제단이 피로 적셔질 때, 그들은 알지 못했지만 오늘, 저희들은 주님을 봅니다. 저를 위하여 주님께서 피 흘리심을 약속해 주셨습니다.
"나의 죄를 씻기는 예수의 피 밖에 없네." 이 노래로 종일 찬송을 드리게 하시옵소서. 저를 위하여 제물을 준비해 주신 하나님을 찬송합니다.
피 흘림이 없으면 사함이 없다고 하셨습니다.(히 9:22) 죄인을 구속해 주시기 위하여 주님께서 제물이 되어 주시고, 흘려주신 그 피가 죄인에게 보혈이 되어 죄를 사함 받고, 의롭다 인정을 받으니 은혜입니다. 누가 나의 죄를 대신해서 피를 흘려준다는 말입니까? 나를 낳고, 길러주신 어머니도 하실 수 없는 것을 주님께서 대신해 주셨으니, 주님은 저에게 은혜이십니다. 주님께 생명을 주셨으니 그 피를 노래하게 하시옵소서.
예수님의 이름으로 기도합니다. 아멘

그 속죄제물의 피를
제단 곁에 뿌리고
그 남은 피는 제단 밑에
흘릴지니 이는 속죄제요

나에게 주신 은혜

레 6:5(하)
그 본래 물건에 오분의 일을 더하여 돌려보낼 것이니
그 죄가 드러나는 날에 그 임자에게 줄 것이요

오분의 일을 더하여

하나님 아버지,

그 죄가 드러나는 날에 그 임자에게 주되, 그 본래 물건에 오분의 일을 더하라 하시니 감사합니다. 자신의 죄를 사함 받으려고 속건제를 드리는 그날, 훔친 물건을 주인에게 돌려주어야 할 줄로 믿습니다.

남의 물건을 횡령하거나 약탈한 자에게 그 죄를 용서해 주시려고 속건제를 드리게 하셨다고 깨닫습니다. 훔친 물건의 값에 오분 일을 더하여 돌려줌을 통해서 물건의 주인에게도 용서를 빌게 하셨음에 감격합니다. 도적질을 한 자가 주인에게 훔친 것을 돌려줄 뿐 아니라 배상을 더해서 참 회개를 하도록 하셨다고 믿습니다. 자신의 행실에 대하여 반성하고, 배상까지를 더하여 회개의 열매를 맺도록 하신 규정인줄로 깨닫습니다.

오늘, 저에게도 회개의 은혜를 경험하게 하시옵소서. 만일, 회개가 없이 예배를 한다면 하나님 합당하지 못함을 알게 하시옵소서. 주님께서도 예배하려는 자에게 말씀을 주셨습니다.

하나님께 예물을 드리려는 자는 먼저 형제와 화해하고, 예물을 드리는 것이 마땅하다고 하셨지요? 삭개오가 보여주었던 것처럼 회개의 표시를 갖게 하시옵소서. 그는 만일 자신이 토색한 물건이 있을 때는 배로 갚겠다고 하였습니다. 저에게도 그리하게 하시옵소서.

예수님의 이름으로 기도합니다. 아멘

그 본래 물건에 오분의 일을

더하여 돌려보낼 것이니

그 죄가 드러나는 날에

그 임자에게 줄 것이요

나에게 주신 은혜

레 7:5
제사장은 그것을 다 제단 위에서 불살라
여호와께 화제로 드릴 것이니 이는 속건제니라

불살라 여호와께 화제로

하나님 아버지,
제단 위에서 불살라 여호와께 화제로 속건제를 드리라 하시니 감사합니다. 제물로 드려진 것의 내장 부분과 덮인 부분을 불에 사르도록 하셨으니, 제물에서 가장 중요한 부위를 태우라 하신 줄로 믿습니다.
제물로 드려진 것의 일부만 태운다거나 사람이 먹을 수 없는 부위를 태우라 하지 않으셨지요? 제물의 속 부분, 가장 기름지고 좋은 부위는 하나님의 몫이라는 것을 깨닫습니다.
가장 중요한 부분을 모두 불사르게 하셨음을 묵상합니다. 제물의 가장 소중한 것들이 불살라져서 연기로 아름답게 피어오름을 생각해 봅니다.
거기에는 남는 것이 있어서 인간의 몫이 되지 않고, 오직 하나님께 연기로 드려지는 제사의 의미를 깨닫습니다.
지금까지의 저는 어떠하였는지요? 저에게서 가장 소중한 부분을 하나님의 몫으로 구별하였는지요? 저에게의 유익을 먼저 떼어 놓고, 나머지에서 드려왔던 자신을 봅니다.
오늘, 이 간구를 하면서 하나님께 드림은 제사하는 자라는 것을 마음에 새기게 하시옵소서. 하나님은 저의 행위가 아니라 저 자신을 받으신다고 믿습니다. 제가 먼저 하나님께 드림이 되어 지게 하시옵소서.
예수님의 이름으로 기도합니다. 아멘

제사장은 그것을 다

제단 위에서 불살라

여호와께 화제로 드릴 것이니

이는 속건제니라

나에게 주신 은혜

레 8:12
또 관유를 아론의 머리에 붓고
그에게 발라 거룩하게 하고

머리에 붓고 그에게 발라

하나님 아버지,

관유를 아론의 머리에 붓고 그에게 발라 거룩하게 하라고 하시니 감사합니다. 아론을 제사장으로 선택하여, 그를 유대인들에게서 구별되게 하시고, 그 직분자로 임직하신 예식이 된 것으로 믿습니다. 아론이 원한다고 해서 절대로 기름이 부어질 수 없는 것, 하나님께서 그를 선택하여 제사장으로 삼으셨음을 생각합니다. 하나님께서 사람을 선택하시고, 그에게 하나님이 일을 맡기심에 대하여 깨닫습니다.

아론의 경우에는 머리 위에 관유를 부어 그 기름이 머리와 수염을 타고 제사장의 의복까지 흘러내리도록 부어졌음에서 하나님의 일을 위해 성별된 자들에게 하나님께서 성령을 부어 주시는 것을 생각합니다. 저도 그렇다고 믿습니다. 하늘 백성으로 삼아주시고, 성령님께 충만하게 하심으로써 기름을 부어주셨다고 믿습니다. 저에게도 하나님께서 자녀라 삼아주셨는데, 하나님께 구별됨으로 지내고 있는지요? 오늘, 성령님의 부어주심을 사모할 때, 기름이 부어진 자로서 지내게 하시옵소서. 성령님께서 저의 머리에서부터 온 몸으로 충만해 주시옵소서.

제가 온 몸으로 성령님 안으로 들어가게 하시옵소서. 다시는 옛사람의 행실을 쫓지 않고, 세상이 저에게 만족을 주려고 유혹할 때, 기름의 부음을 받은 자로서 거절하게 하시옵소서.

예수님의 이름으로 기도합니다. 아멘

또 관유를

아론의 머리에 붓고

그에게 발라

거룩하게 하고

나에게 주신 은혜

레 9:23
모세와 아론이 회막에 들어갔다가 나와서 백성에게
축복하매 여호와의 영광이 온 백성에게 나타나며

회막에 들어갔다가 나와서

하나님 아버지,

모세와 아론이 회막에서 나와 백성에게 축복하매 여호와의 영광이 온 백성에게 나타나게 하시니 감사합니다. 모세는 이스라엘의 지도자로, 아론은 대제사장의 직임을 받은 자로 회막 안으로 들어간 줄로 믿습니다.

이후로 모세는 회막에 들어가지 않았고, 아론은 이스라엘의 제사장으로 살아가게 된 것을 생각합니다. 그들이 회막에서 나오자 여호와의 영광이 온 백성에게 나타났다는 것에, 크게 감격합니다.

그들의 모습에서 저를 돌아봅니다. 과연, 제가 하나님께 충성을 다하는 종으로 지내고 있는지를 깨닫게 하시옵소서. 하나님께서 인정하시는 사환으로서 살아내지 못하고 있음을 회개합니다. 저의 수고로 빚어지는 하나님의 영광이 온 세상에 선포되게 하시옵소서.

오늘, 모세와 아론의 후손으로서 제가 감당해야 하는 것들에 순결하게 하시옵소서. 저의 소유로 주신 것들을 제 것이라 여기지 않고, 오직 청기지로 살아가는데 사용하게 하시옵소서.

오늘의 한 날이 저에게 주신 사명을 감당하는데 만족되게 하시옵소서. 신앙 선배들의 가르침을 제 것으로 삼게 하시고, 하나님의 나라와 하나님의 의를 구하는 데 모자람이 없게 하시옵소서.

예수님의 이름으로 기도합니다. 아멘

모세와 아론이 회막에

들어갔다가 나와서 백성에게

축복하매 여호와의 영광이

온 백성에게 나타나며

나에게 주신 은혜

레 10:9

너와 네 자손들이 회막에 들어갈 때에는 포도주나 독주를 마시지 말라 그리하여 너희 죽음을 면하라 이는 너희 대대로 지킬 영영한 규례라

회막에 들어갈 때에는

하나님 아버지,

"너와 네 자손들이 회막에 들어갈 때에는 포도주나 독주를 마시지 말라."하시니 감사합니다. 성소에서 봉사의 직무를 수행할 때는 제사장들은 절대로 술을 마실 수 없다는 규례인 줄로 믿습니다. 포도주나 독주에 취해서는 바르게 직무를 수행할 수 없기 때문이겠지요.

제사장들이 수행해야 되는 제사의 직무는 복잡하였고, 하나님께서 지시하신 방법을 따라야 한다고 깨닫습니다. 혹시라도 자신의 생각에 따른다면 그것은 하나님께 온전하지 못함을 생각합니다.

제사장들이 바른 마음가짐으로 하나님께서 가르쳐 주신 절차와 방법에 따라 맡겨진 직무를 거룩히 수행해야 하였음에서 저는 지금 어떠합니까? 하나님께는 자녀이면서 이 땅에서 신자로 살아가기를 원합니다.

오늘, 저에게 세상을 마시지 않게 하시옵소서. 포도주와 독주를 금하셨듯이 혹시라도 세상의 것들로부터 취하지 않고, 하나님께서 지시해 주신 신자의 삶을 지키게 하시옵소서.

세상이 주는 욕망이나 쾌락에 취하지 않고, 하나님의 영에 충만하게 적셔지게 하시옵소서. 그리하여 성령님께서 이끌어 주시는 대로 따르는 한 날의 삶, 제물을 드림이 되게 하시옵소서.

예수님의 이름으로 기도합니다. 아멘

너와 네 자손들이 회막에
들어갈 때에는 포도주나 독주를
마시지 말라 그리하여 너희
죽음을 면하라 이는 너희 대대로
지킬 영영한 규례라

나에게 주신 은혜

레 11:44
나는 여호와 너희의 하나님이라 내가 거룩하니 너희도 몸을 구별하여 거룩하게 하고 땅에 기는 길짐승으로 말미암아 스스로 더럽히지 말라

스스로 더럽히지 말라

하나님 아버지,
너희도 몸을 구별하여 거룩하게 하고, 스스로 더럽히지 말라 하시니 감사합니다. 하나님께서 모든 죄악되고 부정한 것으로부터 분리하여 구별해 주셨으니 그것을 지키라 하심이라 믿습니다. 하나님은 죄악과 분리된 절대 거룩하신 분이심을 확신합니다. 그러므로 하나님께 속해 있는 모든 것들도 거룩하다고 확신합니다. 그러니까 하나님께 자녀된 사람들이 거룩함으로 지내야 한다고 확신합니다.
세상 만민 중에서 구별된 이스라엘 백성이 거룩해야 했음을 깨닫습니다. 그들은 절대로 더러워져서는 안 되었습니다. 그들은 거룩함으로 하나님이 영광을 세상에 나타내어야 했다고 생각합니다.
바로 오늘, 저의 모습이어야 함을 깨닫습니다.
오늘을 시작하면서 저에게 명령합니다. "너, 하나님의 사람아 거룩할지어다." 저의 이름 앞에 거룩함이라는 형용사를 붙이기를 원합니다. '거룩한 OOO.'
하나님께서 저를 속된 것들로부터 구별하여 거룩하게 하셨으니, 이 모습을 지키며 지내게 하시옵소서. 죄악 되고 부정한 것들로부터 자신을 분리해 주신 정결법을 잘 지킴으로써, 하나님을 경외하게 하시옵소서. 하나님을 인정하게 하시옵소서.
예수님의 이름으로 기도합니다. 아멘

나는 여호와 너희의 하나님이라

내가 거룩하니 너희도 몸을

구별하여 거룩하게 하고

땅에 기는 길짐승으로 말미암아

스스로 더럽히지 말라

나에게 주신 은혜

레 12:6(상)
아들이나 딸이나 정결하게 되는 기한이 차면 그 여인은
번제를 위하여 일 년 된 어린 양을 가져가고

정결하게 되는 기한이 차면

하나님 아버지,
정결하게 되는 기한이 차면 번제를 위하여 일년 된 어린 양을 가져가 속죄제를 드리게 하시니 감사합니다. 자녀를 낳은 후에 정결케 되는 기한을 주시고, 정결 예식을 치러 어미에게는 출산, 태어난 아기에게는 탄생의 감사를 하게 하신 줄로 믿습니다.
'번제와 속죄제.' 번제를 드려 탄생에 대한 감사와 헌신의 마음을 표하도록 하셨음을 생각합니다. 속죄제를 드려 해산한 여인의 출산에 따른 부정을 제거하도록 하셨음을 생각합니다.
오늘, 저에게 한 사람으로 하나님 앞에 있음에 대하여 감격하도록 하셨습니다. 제가 드릴 수 있는 경배와 찬양으로 영광을 받으시옵소서.
어머니의 태에서 저를 지어주신 하나님이십니다. 제가 어찌 하나님께 감사로 나와야 하지 않겠습니까? 그리고 세상이 지어지기 전에, 저의 구원을 계획해 주신 하나님이십니다. 찬양을 드리게 하시옵소서.
저라는 인생은 홀로 떨어져 있는 존재가 아니고 하나님께 대면적 관계라는 사실에 가슴이 벅차오릅니다. 생명으로 지내고 있음에 날마다 번제적인 예배로 하나님께 나아가게 하시옵소서.
생명을 주신 하나님께 드려야 하는 예배로 오늘도 한 날을 지내게 하시옵소서.
예수님의 이름으로 기도합니다. 아멘

아들이나 딸이나 정결하게

되는 기한이 차면 그 여인은

번제를 위하여 일 년 된

어린 양을 가져가고

나에게 주신 은혜

레 13:46
병 있는 날 동안은 늘 부정할 것이라 그가
부정한즉 혼자 살되 진영 밖에서 살지니라

혼자 살되 진영 밖에서

하나님 아버지,

병 있는 날 동안은 늘 부정하여 진영 밖에서 혼자 살게 하시니 감사합니다. 나병을 하나님께의 부정과 죄의 상징으로 여겨서 진영 밖에서 혼자 살게 하신 줄로 믿습니다.

이스라엘 공동체는 하나님께서 거룩하게 하셨기에 죄악이 공존할 수 없게 하신 것을 확인합니다. 여기에서 나병이 아니라 '진영 밖에서 혼자'에 방점을 두어 이 말씀을 읊조리기를 원합니다. 하나님께 속한 공동체에 죄는 함께 할 수 없어서 진영 밖으로 나가게 하셨다고 생각합니다. 하나님과 죄의 분리에 대하여 교훈을 받습니다. 이스라엘 백성은 하나님의 임재하심이라 오직 구별 받은 거룩한 자들만이 거할 수 있음을 깨닫게 하시옵소서.

사실, 제가 여호와 앞에서 하나님의 거룩하심을 너무도 훼손하며 지내온 것을 회개합니다. 저에게 회개하지 않은 죄악이 있음에도 의로운 척하며 공예배에 얼마나 많이 참여했는지요? 용서해 주시옵소서.

죄를 갖고 있으면서 예배공동체에 참여했던 것을 거절하게 하시옵소서. 하나님의 이름에 찬양을 드릴 때 저 자신의 죄를 먼저 고백하게 하시옵소서. 상한 심령이 되어 하나님께로 나아가게 하시옵소서.

예수님의 이름으로 기도합니다. 아멘

병 있는 날 동안은
늘 부정할 것이라 그가
부정한즉 혼자 살되
진영 밖에서 살지니라

나에게 주신 은혜

레 14:11
정결하게 하는 제사장은 정결함을 받을 자와
그 물건들을 회막 문 여호와 앞에 두고

회막 문 여호와 앞에 두고

하나님 아버지,

제사장에게 정결함을 받을 자와 그 물건들을 회막 문 여호와 앞에 두라 하시니 감사합니다. 정결해졌다는 선언으로 공동체에서 스스로 쫓겨나 지냈던 외로움에서 건져주신 줄로 믿습니다. 진영 밖으로 나가 혼자서 지내야 했던 시간, 하나님께로부터 버려지지는 않는가 하는 두려움에서 건져 주신 하나님을 생각합니다. 치유된 그가 드릴 수 있는 제물로 제사하게 하시니 참으로 은혜입니다.

이로써 육체적인 치유와 함께 하나님의 권속으로의 회복을 받게 하시니 감격스럽습니다. 하나님의 권속으로 들어올 수 있도록 허락이 되었음은 은총의 회복이라 여깁니다.

오늘, 하나님의 회복을 묵상합니다. 아하, 하나님은 자기의 자녀를 버리지 않으셨군요? 그 사랑에 감격합니다. 하나님과의 영적 교제를 나눌 수 있는, 회중에 무리에 들어와서 거룩한 공동체의 특권이 회복되게 하셨으니 감사합니다.

상한 심령이 되어 회개하니 하나님께서 저를 의롭다 해주시고, 예배하는 무리에 들게 하셨습니다. 종일, 하나님의 회복을 노래하게 하시옵소서. 예배공동체에서 하나님을 만나 은혜를 누리고, 지체들을 만나 한 몸을 경험하게 하시니 감사합니다.

예수님의 이름으로 기도합니다. 아멘

정결하게 하는 제사장은

정결함을 받을 자와

그 물건들을 회막 문

여호와 앞에 두고

나에게 주신 은혜

레 15:31(하)
그들 가운데에 있는 내 성막을 그들이 더럽히고
그들이 부정한 중에서 죽지 않도록 할지니라

부정한 중에서 죽지 않도록

하나님 아버지,

성막을 더럽히지 않고, 부정한 중에서 죽지 않도록 해 주시니 감사합니다. 하나님께서 선민의 회중과 함께 하시고, 그들을 거룩하게 하시려고 정결법의 규례를 세워 지키도록 하셨음인 줄로 믿습니다.

이스라엘 회중에 성막을 세워주신 하나님이십니다. 성막과 함께 하는 그들은 거룩한 공동체여야 했다는 것을 깨닫습니다. 그리고 부정한 자를 그대로 방치할 수 없다는 것을 깨닫습니다.

오늘, 자기 백성에게 주신 정결법의 규례를 통해서 교훈을 받습니다. 모든 부정한 것과 완전히 분리되어 성결한 삶을 원하시는 하나님, 정결법의 규례는 결국 이스라엘 백성을 위한 것이었다고 깨닫습니다. 오늘, 한 날을 지내며 하나님 앞에서 정결법의 규례를 따르게 하시옵소서.

만일, 제가 부정한 자가 된다면 하나님의 거룩하심이 더럽혀진다는 것을 묵상합니다. 저로 말미암아 하나님의 거룩하심이 훼손되고, 제가 속한 교회는 더렵혀져서 고통을 당할 것입니다.

성령님을 모신 자로서 하나님께 거룩하게 하시옵소서. 성령님의 거룩하심을 훼손하지 않게 하시옵소서. 주님의 신부로 택해주신 하나님이십니다. 신랑을 기다리는 신부와 같이 정결하게 하시옵소서.

예수님의 이름으로 기도합니다. 아멘

그들 가운데에 있는

내 성막을 그들이 더럽히고

그들이 부정한 중에서

죽지 않도록 할지니라

나에게 주신 은혜

레 16:21(하)
모든 불의와 그 범한 모든 죄를 아뢰고 그 죄를 염소의 머리에
두어 미리 정한 사람에게 맡겨 광야로 보낼지니

그 죄를 염소의 머리에 두어

하나님 아버지,
이스라엘 자손의 모든 불의와 죄를 염소의 머리에 두어 광야로 보내게 하시니 감사합니다. 대속죄일에 대제사장과 민족의 죄를 고백하고, 제물에 안수하여 그들의 범죄를 염소에게 전가시킨 줄로 믿습니다.
이 의식을 치르게 하사, 이스라엘을 민족적으로 모든 불의와 그 범한 모든 죄에서 용서해 주시려고 염소에게 죄를 전가시켜 주셨다고 확신합니다. 그리고 제물로 드려진 염소(아사셀 염소)를 성문 밖으로 내보내어 광야로 추방하도록 하셨습니다.
오늘, 저에게 성문 밖의 광야는 무엇인지요? 죄 없으신 주님께서 예루살렘의 성문 밖에서 십자가에 달려 피를 흘려주셨음을 생각합니다. 하나님께서는 주님께 죄인들의 죄를 전가하여 제물로 받으셨지요?
하나님께서는 이미 광야의 성도들에게 아사셀 염소를 상징으로 주님께서 성문 밖에서 죽으실 것을 예고해주셨습니다. 아사셀 염소는 바로 저를 위해 드려진 주님이셨음을 깨닫습니다.
죄는 사람이 지었는데, 하나님께서 그 죄를 해결해 주셨습니다. 이스라엘의 죄를 짊어지고 광야로 나간 염소를 통해서 구원의 복음을 보여주신 주님께 찬양을 드리게 하시옵소서. 나의 구주, 나의 주님이시여!
예수님의 이름으로 기도합니다. 아멘

모든 불의와 그 범한 모든 죄를

아뢰고 그 죄를 염소의 머리에

두어 미리 정한 사람에게 맡겨

광야로 보낼지니

나에게 주신 은혜

레 17:10(하)
내가 그 피를 먹는 그 사람에게는 내 얼굴을
대하여 그를 백성 중에서 끊으리니

백성 중에서 끊으리니

하나님 아버지,

생명이 피에 있으므로 피가 죄를 속하기 때문에 피를 먹지 않게 하시니 감사합니다. 짐승의 피는 사람의 생명을 대신하여 여호와의 제단에 드려졌던 것이라 식용을 금지하셨다고 믿습니다. 그 피는 하나님께서 죄인에게 속죄를 받게 하는 유일한 것이었음을 깨닫습니다. 피는 하나님께만 드려져야 했음을 생각합니다. 사람이 자기의 유익을 구하고자 피를 먹는다면 하나님께 더 죄를 짓는다고 깨닫습니다.

오늘, 피를 먹는 자에게 하나님께서 얼굴을 향하신다 하셨으니 두려움을 갖게 하시옵소서. 피에 대하여 죄를 지음으로 죄인이 하나님께서 세우신 구속계획에 도전하지 않게 하시옵소서. 언약 공동체에서 떨어져나가지 않게 하시옵소서. 피는 하나님의 것인 줄로 알게 하시옵소서.

오늘을 지내는 중에, 피를 생각하거나 피를 보게 될 때는 주님께서 죄인을 위하여 피를 흘려주셨음을 기억하게 하시옵소서. 그 피로 제가 구원을 받고, 하나님께 자녀가 되었음에 감사합니다. 생명을 얻게 해 주신 주님의 피는 저에게 노래의 제목이 되기를 원합니다. 주님께서 귀한 보혈을 흘려 주사 저를 죄로부터 씻어 주셨으니 그 보혈이 찬송이 되기를 원합니다. 영원히 찬양을 드리게 하시옵소서.

예수님의 이름으로 기도합니다. 아멘

내가 그 피를 먹는

그 사람에게는

내 얼굴을 대하여

그를 백성 중에서 끊으리니

나에게 주신 은혜

레 18:5
너희는 내 규례와 법도를 지키라 사람이 이를 행하면 그로 말미암아 살리라 나는 여호와이니라

내 규례와 법도를 지키라

하나님 아버지,

규례와 법도를 지키게 하시고, 이를 행하여 그로 말미암아 살리라 하시니 감사합니다. 규례와 법도를 지키게 하셔서 죄와 불의로부터의 구원, 즉 영생을 주시겠다는 언약 안으로 들어가게 하신 줄로 믿습니다.

죄인으로 지냈던 우리가 아니었습니까? 죄 사함을 받고, 의롭다 하셨다고, 저를 내버려두시면 다시 이전으로 돌아가 죄를 짓는 것을 일삼을 것입니다. 규례와 법도를 주셔서 살아가도록 하셨음에 감격합니다.

'지키라.' 하나님의 자녀가 되어 살아가는 자리에서 '지키라' 하신 말씀에 방점을 두게 하시옵소서. 하나님께서 믿는 자들에게 주신 은혜는 하나님의 백성으로 지내게 하심이라 생각합니다.

-하나님의 말씀에 순종하여 믿음을 갖게 하십니다.

'살리라.'고 약속해 주셨습니다. 하나님으로 말미암아 사는 것을 가르쳐 주시니 감사합니다. 하나님의 말씀은 저를 귀찮게 하시려는 것이 아니요, 저에게 생명의 삶을 살도록 하는 은총이라고 확신합니다. 규례와 법도에 순종하여 자신이 보호되는 은혜를 보게 하시옵소서. 하라고 하신 말씀에 순종해서 실천하게 하시옵소서. 하지 말라고 하신 것에는 적극적으로 거절하게 하시옵소서. 이로써 영생에 이르게 하시옵소서.

예수님의 이름으로 기도합니다. 아멘

너희는 내 규례와 법도를 지키라

사람이 이를 행하면

그로 말미암아 살리라

나는 여호와이니라

나에게 주신 은혜

레 19:3
너희 각 사람은 부모를 경외하고 나의 안식일을 지키라
나는 너희의 하나님 여호와이니라

너희의 하나님 여호와이니라

하나님 아버지,
"너희 각 사람은 부모를 경외하고 나의 안식일을 지키라." 하시니 감사합니다. 하나님께서 주신 계명의 근본이 하나님을 섬기고, 부모를 경외하라 하심인 줄로 믿습니다.
육체적인 관계에서 부모를 경외하고, 영적인 관계에서는 하나님을 섬기는 것이라고 깨닫습니다. 부모를 경외함에서 하나님을 섬김으로 이르고, 부모를 존중하지 않으면 하나님을 섬기려 하지 않는다고 생각합니다.
오늘, 저에게 하나님을 기쁘시게 해드리는 삶이 부모를 경외하는 것임을 배우게 하시옵소서. 그것이 하나님께 근본이 되는 의무라고 배웁니다.
'부모를 경외하고, 나의 안식일을 지키라.' 안식일을 지킴이 성도에게 의무이지만 그에 앞서 부모를 경외하라 하심이 강조된 것을 깨닫습니다. 부모를 경외하는 사람이 하나님을 섬길 수 있다는 말씀이겠지요?
안식일을 지킴으로써 자신이 하나님의 백성이라는 것을 증명되는데 '부모 경외'를 먼저 하라 하심에서 관계의 의미를 깨닫게 하시옵소서. 부모를 경외함과 하나님을 섬김을 하나로 하셨습니다. 저에게 부모는 무엇입니까? 그리고 하나님은 누구이십니까? '부모와 하나님' 앞에서 지내는 한 날로 삼게 하시옵소서.
예수님의 이름으로 기도합니다. 아멘

너희 각 사람은

부모를 경외하고 나의

안식일을 지키라 나는

너희의 하나님 여호와이니라

나에게 주신 은혜

레 20:26(상)
너희는 나에게 거룩할지어다 이는 나 여호와가
거룩하고 내가 또 너희를 나의 소유로 삼으려고

너희는 나에게 거룩할지어다

하나님 아버지,

여호와께서 거룩하시기 때문에 "너희는 나에게 거룩할지어다." 라고 하시니 감사합니다. 하나님께서 우리를 자신이 소유로 삼으시려고 거룩하라 하신 줄로 믿습니다. 하나님의 저를 향하신 계획에 감격합니다.

하나님은 그 속성상 거룩하셔서 죄악 된 모든 것과는 본질적으로 분리된 절대 순결하신 분이시니 찬양을 드립니다. 하나님은 죄악된 것과 부정한 것에서 분리되셨으니, 그의 자녀 된 저희들은 당연히 자신을 구별하여 거룩함으로 지내야 한다고 확인합니다. '거룩해짐.' 제가 하나님께 속해 있음의 증거라고 깨닫습니다. 하나님께서 저를 거룩하게 하셨으니까요? 오늘을 사는 삶에서 거룩함을 지키게 하시옵소서. 하나님의 거룩하심으로 저의 삶을 채우게 하시옵소서. 언약의 백성으로 삼아 죄와 불의한 것들로부터 분리되어 거룩한 백성으로 지내도록 하셨음에 감격합니다. 저에게도 불의한 것들을 거절하게 하시옵소서. 하나님께 순종한 행실로 말미암아 정결하게 하시옵소서.

외적인 정결 상태에서 내적이며 영적인 정결의 상태로 나아가게 하시니 감사합니다. 하나님의 소유로 지내는 한 날을 누리게 하시옵소서. 하나님께서 보배로 삼아주셨으니 죄악으로 오염되지 않게 하시옵소서.

예수님의 이름으로 기도합니다. 아멘

너희는 나에게 거룩할지어다

이는 나 여호와가 거룩하고

내가 또 너희를

나의 소유로 삼으려고

나에게 주신 은혜

레 21:6(상)
그들의 하나님께 대하여 거룩하고 그들의
하나님의 이름을 욕되게 하지 말 것이며

하나님께 대하여 거룩하고

하나님 아버지,

제사장에게 그들의 하나님께 대하여 거룩하라 하시니 감사합니다. 제사장은 하나님께 선택된 자로서 그 자신이 신분과 위치에서 지내도록 다짐하신 줄로 믿습니다.

제사장의 제도를 세우신 하나님, 그 일에 섬기도록 사람을 세우신 하나님, 그 하나님께서 제사장을 인도하시고, 지켜주심을 깨닫습니다. 그러나 인간 제사장은 스스로 넘어지기도 하여 다짐하게 하시니 감격합니다.

'하나님께 대하여 거룩하고.' 그렇습니다. 하나님의 사람은 누구나 하나님께 거룩해야 한다고 믿습니다. 제사장을 통해서 하나님의 백성, 각자들에게 주시는 다짐에 감사합니다. 하나님의 자녀가 누구에게 거룩해야 합니까? 하나님께의 거룩함을 다시금 확신합니다.

오늘, 하나님께 거룩하여 하나님의 거룩하심에 대적하지 않기를 원합니다. 하나님께 거룩하여 저에게 직무를 맡기신 그 의도에 대적하지 않기를 원합니다. 거룩하지 못한 풍속으로부터 자신을 지키게 하시옵소서. 자신을 구별함에 실패하여 스스로 무너지지 않게 하시옵소서. 자신을 지켜 정결케 하는 노력을 게을리 않게 하시옵소서. 이로써 하나님의 이름을 욕되게 하지 않으며, 오늘이 하나님께 영광이 되게 하시옵소서.

예수님의 이름으로 기도합니다. 아멘

그들의 하나님께
대하여 거룩하고
그들의 하나님의 이름을
욕되게 하지 말 것이며

나에게 주신 은혜

레 22:20
흠 있는 것은 무엇이나 너희가 드리지 말 것은
그것이 기쁘게 받으심이 되지 못할 것임이니라

너희가 드리지 말 것은

하나님 아버지,
여호와께 제물을 드릴 때, "그것이 기쁘게 받으심이 되지 못할 것"이 되지 않도록 주의를 주시니 감사합니다. 제물은 장차 하나님께 희생제물이 되셔야 하실 주님이 모형이어서 흠이 없으신 주님을 나타내야 해서 흠이 있어서는 안 되는 줄로 믿습니다. 제물은 하나님께서 기쁘게 받으셔야 한다고 깨닫습니다. 또한 흠이 없는 것이어야 제사하는 사람을 대신할 수 있다고 확신합니다. 정결하지 않거나 완전하지 못한 것은 하나님께 드릴 수 없음을 배웁니다.
'기쁘게 받으심.' 오늘, 저의 모든 행위가 하나님께 기쁨이 되기를 원합니다. 저는 얼마나 하나님께 기쁨이 되고 있는지요? 제물의 드리는 예배 행위에서 '기쁘게 받으심'에 방점을 두게 하시옵소서.
흠이 없는 것은 자기의 몫으로 하고, 흠이 있는 것을 드린다면 그것은 하나님의 거룩하심을 훼손하는 행위라 생각합니다. 하나님께 드려지는 것에는 흠이 없도록 복을 내려 주시옵소서.
제물이 그 제물을 드린 자를 나타낸다고 할 때, 하나님께는 언제나 온전함이 되게 하시옵소서. 오늘, 한 날의 삶을 제물로 드린다면 주님께서 흘려주신 보혈을 의지하며, 보혈의 공로를 찬송하게 하시옵소서.
예수님의 이름으로 기도합니다. 아멘

흠 있는 것은 무엇이나

너희가 드리지 말 것은

그것이 기쁘게 받으심이

되지 못할 것임이니라

나에게 주신 은혜

레 23:22(중)
밭 모퉁이까지 다 베지 말며 떨어진 것을 줍지 말고
그것을 가난한 자와 거류민을 위하여 남겨두라

가난한 자와 거류민을 위하여

하나님 아버지,

수확의 절기에 거두어들일 것을 가난한 자와 거류민을 위하여 남겨두게 하시니 감사합니다. 하나님의 자비와 사랑에 근거하여 가난한 자들과 약자들을 위한 배려에서 제정된 규례인 줄로 믿습니다.

이 명령을 대하면서 인생에게 주신 규례와 계율이 하나님의 사랑에 근거해서 주어졌음을 확인합니다. 더욱이 추수를 하는 시간에 이 규례는 수확의 기쁨을 홀로 독차지하지 말고, 이웃의 소외된 자들과 더불어 나누라는 뜻이라고 깨닫습니다. 인생에게 주시는 하나님의 은혜입니다.

하나님께서 절기를 주신 까닭은 예물을 드림보다 하나님의 은혜에 감사하고, 또 이웃과 사랑의 친목을 나누는 것이라고 봅니다. 절기의 식탁에서 하나님과 함께 이웃과 함께 감사의 노래를 부르라는 것으로 깨닫습니다. 기업으로 주신 밭에서 나는 것들은 하나님께서 주신 것이니 가난한 자들을 배려하라 하심으로 생각합니다. 이제 확신하게 되었습니다.

예배는 하나님을 사랑하고, 이웃을 사랑하는 시간이라는 것을. 하나님을 예배할 때는 이웃에게로 나누게 하시옵소서. 그래서 예배하려는 자에게 먼저 이웃과 화해하라고 하셨군요? 하나님을 예배할 때, 이웃에게로 나아가게 하시옵소서.

예수님의 이름으로 기도합니다. 아멘

밭 모퉁이까지 다 베지 말며

떨어진 것을 줍지 말고

그것을 가난한 자와 거류민을

위하여 남겨두라

나에게 주신 은혜

레 24:16(상)
여호와의 이름을 모독하면 그를 반드시 죽일지니
온 회중이 돌로 그를 칠 것이니라

그를 반드시 죽일지니

하나님 아버지,
"여호와의 이름을 모독하면 그를 반드시 죽일지니"라고 하시니 감사합니다. 하나님께서 이름으로 영광을 받으셔야 하는 것을 훼방하는 죄악에 대한 처벌을 명령하신 줄로 믿습니다.
이름으로 자기를 나타내시는 하나님이심을 깨닫습니다. 하나님께서는 하나님을 모독하는 사람에게 죄 없다 하지 않으신다는 것을 분명히 하게 하셨습니다. 그래서 그에게 돌로 쳐 죽이라 하셨음을 생각합니다.
광야교회의 백성에게 하나님의 이름을 모독하는 것이 얼마나 무서운 죄인가를 알게 하셨습니다. 인생에게 하나님은 경외하며 순종해야 하는 대상이지 그를 대적해서는 안 된다는 것을 알게 하셨습니다.
오늘, '반드시 죽일지니'라는 말씀에 두려워하게 하시옵소서.'여호와의 이름'에 주의하게 하시옵소서. 하나님의 이름에 거룩함을 드리게 하시옵소서. 하나님의 이름에 소홀하지 않게 하시옵소서. 제가 하나님을 대적하는 행위는 저에게서 그칠 뿐, 하나님께는 대적이 되지 않음을 압니다. 하나님을 망가뜨리려 할 때, 그 시도는 저에게서 그칠 뿐 하나님은 망가지지 않으심을 압니다. 언제나 저에게 하나님을 향해서 대적한다든지 하나님께 무모하지 않게 하시옵소서.
예수님의 이름으로 기도합니다. 아멘

여호와의 이름을 모독하면
그를 반드시 죽일지니
온 회중이 돌로
그를 칠 것이니라

나에게 주신 은혜

레 25:10(하)
이 해는 너희에게 희년이니 너희는 각각 자기의 소유지로
돌아가며 각각 자기의 가족에게로 돌아갈지며

자기의 소유지로, 가족에게로

하나님 아버지,
희년 제도를 주셔서 자기의 소유지로, 자기의 가족에게로 돌아가게 하시니 감사합니다. 인간의 현실 속에 작용하는 역사적 해방 사건의 자유를 선포해 주신 줄로 믿습니다. 희년을 통하여 세상을 향해서 하나님의 업을 회복하게 되며, 노동으로부터의 안식과 토지의 휴경, 빚이 탕감되도록 하셨음을 살펴봅니다.
'희년의 자유.' 이스라엘 백성은 하나님의 백성으로서 어느 누구에게 속할 수 없고, 땅도 하나님의 것으로서 어느 누구에게 영속되어질 수 없다는 것을 확인시켜 주셨다고 봅니다. 그리고 장차 주님으로 말미암아 이루어질 영원한 자유를 보여 주게 하셨음에 감격합니다.
희년의 해에, 이스라엘 백성에게 육체적인 모든 구속과 억압에서의 자유가 선포되었지만 지금 저희들에게는 모든 죄와 사망의 사슬로부터 해방되어 '주님의 품 안'에서 누리는 자유를 약속해 주심이시니 감사합니다.
오늘, 희년의 은혜를 누리게 하시옵소서. 자신을 향해서 죄와 사망과 마귀의 사슬에서 해방되었음을 선포하게 하시옵소서. 마침내는 참된 기쁨과 안식, 영원한 생명을 약속 받았음을 선포하게 하시옵소서.
예수님의 이름으로 기도합니다. 아멘

이 해는 너희에게 희년이니
너희는 각각 자기의 소유지로
돌아가며 각각 자기의
가족에게로 돌아갈지며

나에게 주신 은혜

레 26:9
내가 너희를 돌보아 너희를 번성하게 하고 너희를 창대하게 할 것이며
내가 너희와 함께 한 내 언약을 이행하리라

너희와 함께 한 내 언약을

하나님 아버지,
"내가 너희와 함께 한 내 언약을 이행하리라."라고 확인해 주시니 감사합니다. 하나님께서 자기 백성에게 복을 주시겠다는 약속인 줄로 믿습니다. 광야교회를 인도하시는 하나님을 생각합니다.
'돌보아.' 하나님께서 이스라엘 백성에게 사랑으로 관심을 기울여 은총을 베푸시겠다고 말씀해 주셨습니다. 그렇습니다. 저에게 소망은 근거는 오직 하나님의 돌보아주심이라 깨닫습니다. 하나님께서 저에게로 얼굴을 돌려 향하시면 그 어떤 것에서도 앞으로 나아가게 될 것을 믿습니다.
'번성하게.' 하나님의 언약대로 이스라엘 백성은 늘어갔습니다. 하나님께서 말씀을 하셨으니, 기록된 것이 저에게로 성취될 것을 확신합니다. 그 성취로 하나님께 기쁨을 드리게 하시옵소서.
'창대하게.' 이스라엘의 국력, 그들이 강한 백성이 되어 부족할 것이 없는 평안을 누리게 하셨습니다. 지금, 이스라엘을 이기는 자가 있는지요? 이스라엘을 통하여 저에게도 창대하게 하심을 기다리게 하시옵소서.
오늘, 저를 위하시는 하나님의 은혜가 어떻게 나타날까를 기다리게 하시옵소서. 하나님께서 언약을 이행하심을 살피게 하시옵소서.
예수님의 이름으로 기도합니다. 아멘

내가 너희를 돌보아 너희를
번성하게 하고 너희를 창대하게
할 것이며 내가 너희와 함께 한
내 언약을 이행하리라

나에게 주신 은혜

레 27:30(하)
그 땅의 곡식이나 나무의 열매는 그 십분의 일은
여호와의 것이니 여호와의 성물이라

그 십분의 일은 여호와의 것

하나님 아버지,

"그 십분의 일은 여호와의 것이니 여호와의 성물이라."고 선포하시니 감사합니다. 토지에서 생산되는 모든 소출의 십분의 일을 그 주인이 되시는 하나님께 드리라 하심인줄로 믿습니다.

이스라엘 백성에게 수확의 십분의 일을 바치게 하심으로써 만물의 소유주가 하나님이시라는 것을 인정하게 하셨음을 배웁니다.

이제, 십분의 일을 떼어 놓는 것으로 제가 얻은 것이 모두 하나님의 것이었음을 스스로에게 증거가 되게 하시옵소서.

사실, 제가 하나님께 드렸나요? 저는 제 것을 드려보지 못하였습니다. 앞으로도 드리지는 못할 것입니다. 지금까지는 하나님께 드림이라고 만족해하였는데, 정녕 드림이 아니었습니다. 저는 참 어리석었습니다.

십분의 일을 구별할 때, 이 수확이 하나님의 것인데, 저에게 십분의 구를 소유로 삼아 누리게 하심을 감사하게 하시옵소서. 이로써 누리게 하시는 십분의 구에 감격하게 하시옵소서.

저에게 그 은혜의 크고도 넓으심을 깨닫는 즐거움으로 이끌어 주시옵소서. 만일, 제가 십분의 일에서 더한다면 얼마나 감사하겠습니까? 이제는 십분의 이, 십분의 삼도 드리기를 소원하게 하시옵소서.

예수님의 이름으로 기도합니다. 아멘

그 땅의 곡식이나

나무의 열매는 그 십분의 일은

여호와의 것이니

여호와의 성물이라

나에게 주신 은혜

민 1:53(상)
레위인은 증거의 성막 사방에 진을 쳐서 이스라엘
자손의 회중에게 진노가 임하지 않게 할 것이라

증거의 성막 사방에 진을 쳐서

하나님 아버지,

레위인에게 증거의 성막 사방에 진을 치도록 하시니 감사합니다. 하나님께 헌신되어진 레위 지파 사람에게 성막을 중심으로 그 사면 가까이에 진을 치라고 하신 줄로 믿습니다.

레위인들은 성막에서의 봉사를 위해서 구별된 만큼 그들은 늘 성막 가까이에서 봉사에 대한 준비를 해야 했다고 깨닫습니다. 또한 그들에게는 성막 안으로 아무나 들어가지 못하도록 그 사면을 단단히 호위해야 했음을 생각합니다.

저에게 하나님의 자녀라 불러주시고, 교회공동체에서 성도라는 직분으로 구별해 주셨는데, 이 사명을 어떻게 감당해오고 있는지요? 오늘, 하나님 앞에서 '지킬지니라.'는 말씀에 방점을 두게 하시옵소서.

하나님께서 믿음을 선물로 주셨는데, 이 믿음을 제가 지키지 못하여 믿음에서 떨어져 가고 있음을 느낍니다. 용서해 주시옵소서. 믿음을 중심으로 하지 못해서, 믿음의 자리를 지키지 못하여 하나님께 민감하지 못함을 고백합니다. 하나님을 기쁘시게 해드리는 삶을 구하게 하시옵소서.

하나님께 모든 주의를 기울여 확실하게 주어진 임무를 수행하게 하시옵소서. 하나님께서 맡기신 사명을 최선을 다해 받들게 하시옵소서.

예수님의 이름으로 기도합니다. 아멘

레위인은 증거의 성막 사방에

진을 쳐서 이스라엘 자손의

회중에게 진노가 임하지

않게 할 것이라

나에게 주신 은혜

민 2:17(상)
그 다음에 회막이 레위인의 진영과 함께
모든 진영의 중앙에 있어 행진하되

모든 진영의 중앙에 있어

하나님 아버지,

"회막이 레위인의 진영과 함께 모든 진영의 중앙에" 있게 하시니 감사합니다. 성막의 성물을 이스라엘 백성의 지파 가운데서 제일 중앙에 위치하도록 한 줄로 믿습니다.

이스라엘 백성이 머물러 있거나 행진을 할 때, 성막을 중심하도록 하셨음을 깨닫습니다. 광야교회를 하나님께 중심으로 세워주신 것이지요. 회막을 그들의 중앙에 있도록 하심에서 하나님의 은혜를 묵상합니다.

-하나님께서 동행하시면서 그들을 보호하시고 도우신다는 약속

-하나님이 12지파의 단결을 이룸과 통치의 중심이라는 것

오늘, 하나님께서 저에게 중심이 되기를 원합니다. 만일, 제가 하나님을 소홀히 하여 '이가봇'을 경험하게 될까를 두려워하게 하시옵소서. 하나님께서 저의 중심이 되어주시면 - 큰 능력을 체험하며 승리의 삶을 살게 되겠지요. 하나님께서 저의 중심에서 멀어지시면 - 죄악에 의해 주장을 받고, 죄의 고통, 실패 속에서 신음하겠지요.

하나님께서 광야교회의 중심에 성막을 세우셨듯이 저의 중심으로 오셔서 성막을 세워 주시옵소서. 그리고 이 땅에서 지내는 시간 동안에 성막을 중심해서 믿음의 행진을 하여 앞으로 나아가게 하시옵소서.

예수님의 이름으로 기도합니다. 아멘

그 다음에 회막이 레위인의

진영과 함께 모든 진영의

중앙에 있어 행진하되

나에게 주신 은혜

민 3:13(중)
이스라엘의 처음 태어난 자는 사람이나 짐승을 다 거룩하게
구별하였음이니 그들은 내 것이 될 것임이니라

이스라엘의 처음 태어난 자는

하나님 아버지,
"이스라엘의 처음 태어난 자는 사람이나 짐승을 다 거룩하게" 하시니 감사합니다. 하나님께서 애굽의 장자를 치실 때, 이스라엘의 장자는 살려주셨기 때문에, 그들은 하나님의 것인 줄로 믿습니다.
유월절 구속으로 말미암아 하나님이 이스라엘 장자의 소유권자가 되셨음을 묵상합니다. 이때로부터 이스라엘 백성은 장자를 하나님께 드림에 동의했음을 깨닫습니다.
이스라엘의 가정에서는 어느 집에서나 장자를 하나님께 바쳐지도록 하셨지요. 그런데 그들 중에 레위지파를 선택하여 그들을 민족의 장자로 삼으셨습니다. 이에, 각 사람의 가정에서는 장자를 따로 드리지 않게 하셨습니다. 이 또한 이스라엘을 향하신 은총이라고 깨닫습니다.
오늘, 저의 삶에는 생애의 목적이 있으니 하나님의 소유입니다.
-하나님을 기쁘시게 해드리려고 구별이 되게 하시옵소서.
주님의 피로 구속함을 받은 저의 생명이 하나님의 것임에 감사합니다. 하나님께서 주님의 피로 저를 살리셨으니 하나님께 드려지기를 원합니다. 죄와 저주로 인해서 죽어야 할 저를 대신해서 주님이 죽어주셨으니, 하나님께 드려지게 하시옵소서.
예수님의 이름으로 기도합니다. 아멘

이스라엘의 처음 태어난 자는
사람이나 짐승을 다 거룩하게
구별하였음이니 그들은
내 것이 될 것임이니라

나에게 주신 은혜

민 4:3
곧 삼십 세 이상으로 오십 세까지 회막의 일을 하기 위하여
그 역사에 참가할 만한 모든 자를 계수하라

삼십 세 이상으로 오십 세까지

하나님 아버지,

레위인들에게 "삼십 세 이상으로 오십 세까지 회막의 일을" 하도록 하시니 감사합니다. 이스라엘 회중에서 삼십 세 이상으로 오십 세까지의 남자를 장정으로 구별하신 줄로 믿습니다.

하나님께서 성막을 위하여 봉사할 수 있는 사람을 정하신 것이라고 깨닫습니다. 성막의 봉사가 단순히 젊은 힘이나 패기에 의하지 않고 육체적, 정신적인 성숙함과 신중함이 요구되는 것이었음을 생각합니다.

레위인들은 하나님의 거룩과 영광을 보존해야 했으며, 성막의 기물들을 운반하고, 또한 그 기물들이 조금도 손상을 입지 않도록 해야 했다고 생각합니다. 그들도 하나님의 군대의 일원으로 간주되었음을 확인합니다. 주님께서도 30세가 되셨을 때, 자신이 영원한 대제사장이심을 보여 주셨습니다. 그리고 지금은 하나님의 보좌 우편에 계시면서 영원히 대제사장이 되사 우리의 구속과 성화를 위해서 힘쓰고 계신다고 믿습니다.

이스라엘 회중은 하나님의 군대였음을 기억합니다. 교회공동체의 지체들 하나님의 군대라고 믿습니다. 광야교회에서는 한 명도 제외되지 않고 하나님의 군대로 섬겼다는 것에 감격합니다.

오늘, 하나님의 교회에서 저희들도 다 같이 하나님의 군대로 영적 전쟁에 나서게 하시옵소서.

예수님의 이름으로 기도합니다. 아멘

곧 삼십 세 이상으로 오십 세까지
회막의 일을 하기 위하여
그 역사에 참가할 만한
모든 자를 계수하라

나에게 주신 은혜

민 5:10
각 사람이 구별한 물건은 그의 것이 되나니 누구든지
제사장에게 주는 것은 그의 것이 되느니라

누구든지 제사장에게 주는 것은

하나님 아버지,
"각 사람이 구별한 물건은 그의 것이 되나니"라고 하여 제사장에게 주시니 감사합니다. 희생제물로 하나님께 드리는 것을 제외한 봉헌된 것을 제사장의 몫으로 하신 줄로 믿습니다. 첫 열매의 곡식 단 주인이신 하나님께서 사람의 드림을 기뻐하시니 감격입니다.
오늘, 저에게도 예물을 드림에도 하나님께서 받으시니 감사이십니다. 저 자신을 드리는 데까지 이르게 하시옵소서.
-구별의 은총을 경험하게 하시면서 '성물'로 받아 주심이십니다.
-무엇이든지 드림으로 '하나님의 것'이라 인정하도록 하심입니다.
-규례와 명령을 지키는 은총의 시간을 주심이십니다.
이제, 저에게도 드림의 시간을 주시옵소서. 감히, 제가 여호와께로 나아가 드리다니요? 드림이 저에게는 감동입니다. 저의 드림을 거룩하게 하셔서 하나님의 하나님이 되심을 인정하게 하시옵소서.
하나님의 백성이 되어 여호와께 드림이 허락되었음에 감격하게 하시옵소서. 오늘을 지내면서 하나님께 제물이 되어 살게 하시옵소서.
예수님의 이름으로 기도합니다. 아멘

각 사람이 구별한

물건은 그의 것이 되나니

누구든지 제사장에게 주는 것은

그의 것이 되느니라

나에게 주신 은혜

민 6:27
그들은 이같이 내 이름으로 이스라엘 자손에게
축복할지니 내가 그들에게 복을 주리라

내가 그들에게 복을 주리라

하나님 아버지,
제사장에게 여호와의 이름으로 이스라엘 자손에게 축복하게 하사 친히 복을 주시겠다고 선포하시니 감사합니다. 제사장이 축복을 선언하면 하나님께서 그대로 시행하시겠다는 언약으로 믿습니다.
이스라엘 백성을 위하시는 하나님께서 제사장의 입술로 그들에게 복을 주시겠다고 언약을 하셨습니다. 그리고 그들은 제사장의 축복으로 하나님께서 복 되게 하신 강한 민족이 되었습니다.
하나님의 이름은 곧 하나님을 나타낸다고 생각합니다. 그 이름에서 하나님의 능력과 권세, 부요와 충만함을 경험하게 되는 것을 확신합니다. 하나님의 이름이 없이 선언되는 말은 헛소리임을 깨닫게 됩니다.
어느 누가 인생을 향해서 복을 준다고 말할 수 있나요? 오직 복을 소유하고 있는 존재만이 복을 주겠다고 선언할 수 있을 겁니다. 오늘, 이미 기록된 말씀으로 제사장의 축복을 받게 하시니 가슴이 벅차오릅니다. 성경을 읽을 때, 언약을 성취하시는 하나님의 손을 바라게 하시옵소서. 하나님만이 저에게 복이십니다.
오늘의 한 날을 지내면서 제가 여호와께 복을 받은 자라는 것을 인정하게 하시옵소서. 오늘도 저에게 복을 주심을 확신하게 하시옵소서.
예수님의 이름으로 기도합니다. 아멘

그들은 이같이 내 이름으로

이스라엘 자손에게

축복할지니 내가

그들에게 복을 주리라

나에게 주신 은혜

민 7:2(하)
그 지파의 지휘관으로서 그 계수함을 받은 자의
감독된 자들이 헌물을 드렸으니

감독된 자들이 헌물을 드렸으니

하나님 아버지,

"그 계수함을 받은 자의 감독된 자들이 헌물을" 드리게 하시니 감사합니다. 이스라엘 백성의 족장들에게 그 자신과 자신의 지파를 대표해서 봉헌예물을 드리게 하신 줄로 믿습니다.

하나님께로 나아오는 자가 빈손으로 오지 않도록 하셨음을 깨닫습니다. 예물을 드림에서 예배하는 자 자신이 하나님께 드려지는 제물이라는 것을 증거하게 하셨음을 생각합니다.

저 자신에게 물어 주시옵소서. 예배하면서 저를 드렸는지요? 헌금을 하면서 그것이 저를 드렸음에 대한 표시가 되었는지요? 종교적인 의식으로 예배에 참여했고, 그 순서에서 헌금을 했을 뿐이었습니다.

이제부터는 예배하는 시간을 자신이 드려지는 제물임을 경험하는 은혜가 되게 하시옵소서. 헌금을 드리는 시간이 저를 하나님께 바쳤음을 확증하는 행위가 되기를 원합니다. 저는 하나님의 것이 되었습니다.

이 얼마나 감격스러운 은혜인지요? 예배하는 시간에 제물이 되어주신 주님을 기념하게 하셨습니다. 이제, 하나님께 예배하면서 속죄 받았음을 기억하고, 속죄의 제물로 바쳐지신 주님을 기념하는 은혜의 사건으로 회복하게 하시옵소서.

예수님의 이름으로 기도합니다. 아멘

그 지파의 지휘관으로서

그 계수함을 받은 자의

감독된 자들이

헌물을 드렸으니

나에게 주신 은혜

민 8:11(하)
레위인을 흔들어 바치는 제물로 여호와 앞에 드릴지니 이는
그들에게 여호와께 봉사하게 하기 위함이라

레위인을 흔들어 바치는 제물로

하나님 아버지,

"레위인을 흔들어 바치는 제물로 여호와 앞에" 드리게 하시니 감사합니다. 레위인에게 그들을 대신한 제물을 요제로 드려서 하나님께 자신의 모든 것을 바친다는 의미를 경험하게 하신 줄로 믿습니다.

제사장이 제물을 두 손으로 받쳐 들고, 제물을 앞뒤로 흔들어 바치게 하신 은혜를 깨닫습니다. 제물을 흔들어 바침에서 레위인이 여호와께 봉헌됨을 경험하게 하심이라 생각하니 감격합니다. 요제로 드려진 제물을 제사장의 몫으로 다시 들려지게 하시니 즐거움입니다. 제물을 드린 레위인, 제물을 받으신 하나님, 그리고 제사장에게 교제-만남의 사건이 되게 하셨다는 사실입니다. 제사의 축복, 이 은혜를 저도 누리게 하시옵소서.

오늘, 레위인을 대신해 드렸던 제물을 제사장에게 돌림에서 비밀을 받습니다. 그들이 제사장에게 소속 되어서, 성막 봉사를 하게 하셨음을 깨닫습니다. 회막에서 하나님께만 봉사하는 삶이 되게 하신 것이지요.

제가 바로 영적으로 레위인이라 생각합니다. 세상으로부터 구별되어서 하나님께 자녀가 되어 살아가도록 하셨습니다. 저에게 한 가지의 소원을 주셨는데, 교회공동체 안에서 하나님께만 영광을 드리게 하시옵소서.

예수님의 이름으로 기도합니다. 아멘

레위인을 흔들어 바치는 제물로

여호와 앞에 드릴지니 이는

그들에게 여호와께 봉사하게

하기 위함이라

나에게 주신 은혜

민 9:17

구름이 성막에서 떠오르는 때에는 이스라엘 자손이 곧 행진하였고
구름이 머무는 곳에 이스라엘 자손이 진을 쳤으니

구름이 떠오르는 때, 머무는 곳에

하나님 아버지,

"구름이 성막에서 떠오르는 때에는 이스라엘 자손이 행진"하게 하시니 감사합니다. 이스라엘 백성은 약속으로 받을 땅을 향해서 나아가야 했지만 그들의 행진을 구름의 움직임에 의존하게 하신 줄로 믿습니다.

하나님이 임재로 광야 길을 걸었던 광야교회의 성도를 생각해 봅니다. 그들의 길이 40년이나 되었지만 단 한 번도 구름이 지시하지 않을 때에는 앞으로 나아가지 않았음에 주목합니다.

행진을 하는 길에, 성막이 쳐져야 하는 장소에 이르면 구름이 머물렀고, 게르손, 고핫, 므라리 가문의 자손들은 자기들이 운반했던 성막의 기구들을 챙겨 성막을 세웠습니다. 그것은 하나님의 은혜였음을 확인합니다.

수백만에 이르는 광야교회의 성도들, 그들이 각각 개인적으로 하나님의 임재와 동행을 체험하도록 해주셨습니다. 그들의 행동을 오늘은 저의 것으로 여기게 하시옵소서. 구름이 머무는 곳에 진을 쳤다는 사실은 오늘, 저에게 하나님의 음성으로 들려옵니다. 그들의 움직임은 전적으로 하나님의 임재에 따르는 것이었습니다.

저에게 지금, 요구되는 것은 하나님을 기다림이라 깨닫습니다.

하나님의 임재에 저의 인생길을 맡기게 하시옵소서.

예수님의 이름으로 기도합니다. 아멘

구름이 성막에서 떠오르는 때에는
이스라엘 자손이 곧 행진하였고
구름이 머무는 곳에 이스라엘
자손이 진을 쳤으니

나에게 주신 은혜

민 10:9(상)
또 너희 땅에서 너희가 자기를 압박하는 대적을
치러 나갈 때에는 나팔을 크게 불지니

나팔을 크게 불지니

하나님 아버지,
자기를 압박하는 대적을 치러 나갈 때 나팔을 크게 불라 하시니 감사합니다. 대적을 치러 나갈 때, 자기들을 보호하며, 대적을 물리침에서 여호와의 명령을 좇아 나팔 경보에 의해 행동하라 하신 줄로 믿습니다.
광야의 원주민들이 이스라엘 백성을 압제하려 할 때, 그들은 하나님의 영광과 자신들의 거룩한 삶을 보존해야만 했다고 깨닫습니다. 이때, 나팔을 크게 불도록 하셨으니 나팔 소리의 은혜를 주셨다고 확인합니다.
-여호와의 군사에게 사기를 북돋아 주셨습니다.
-여호와의 도움을 통한 승리를 기원하도록 하셨습니다.
나팔을 불 때 하나님께서 그 소리를 들으시고, 약속을 기억해 주신다고 하셨습니다. 이스라엘 백성에게 나팔 소리는 기도였습니다. 그리고 하나님께서 이기게 하신다는 선포였습니다.
오늘, 저에게도 나팔을 불도록 하신 하나님께 찬양을 드립니다. 나팔을 불게 하시옵소서. 나팔을 불어 여호와의 주권을 인정하고, 하나님을 신실히 의뢰하고 있음을 보여드리게 하시옵소서.
제가 부는 나팔의 소리가 하늘을 울리게 하시옵소서. 그리고 하나님께서 그 소리를 들으시고, 구원해 주심을 바라게 하시옵소서.
예수님의 이름으로 기도합니다. 아멘

또 너희 땅에서

너희가 자기를 압박하는

대적을 치러 나갈 때에는

나팔을 크게 불지니

나에게 주신 은혜

민 11:1(하)
여호와께서 들으시고 진노하사 여호와의 불을
그들 중에 붙여서 진영 끝을 사르게 하시매

진영 끝을 사르게 하시매

하나님 아버지,

"여호와의 불을 그들 중에 붙여서 진영 끝을 사르게" 하셨음을 묵상합니다. 하나님께 불평하는 자들로 말미암아 진노하실 때, 광야교회를 보호하사 여호와의 불을 내려 진영 끝에만 사르게 하신 줄로 믿습니다.

약속의 땅을 언제 취하게 될는지는 알 수 없고, 주변의 척박한 환경은 그들의 마음에서 하나님의 언약을 희미하게 했고, 하나님께 거스르는 말을 거침없이 내뱉었을 겁니다. 하나님의 은혜에 감사함을 잊었을 때, 불평의 샘이 터졌습니다.

'여호와께서 들으시고.' 하나님께서는 자기 백성의 모든 언행심사에 귀를 기울이고 계심을 알게 하셨습니다. 자기 백성에게 얼마나 큰 관심을 가지고 계신가를 보여 주셨다고 깨닫습니다.

'진노하사 여호와의 불로.' 하나님께서 진노하사 불을 내리셨는데, 진영 전체에 심판의 불을 내리시지 않고, 단지 이스라엘 진의 가장자리에 쳐진 장막에만 불을 붙이셨음이십니다. 얼마나 감사한지요?

그러니까 이 심판이 멸망을 목적한 것이 아니라, 그들의 잘못을 깨닫도록 해서 바른 길로 가게 하시려는 데 있었음을 확인합니다. 진노의 심판 중에서도 긍휼을 베푸시는 하나님께 찬양을 드리게 하시옵소서.

예수님의 이름으로 기도합니다. 아멘

여호와께서 들으시고

진노하사 여호와의 불을

그들 중에 붙여서

진영 끝을 사르게 하시매

나에게 주신 은혜

민 12:1
모세가 구스 여자를 취하였더니 그 구스 여자를
취하였으므로 미리암과 아론이 모세를 비방하니라

구스 여자를 취하였으므로

하나님 아버지,

모세가 구스 여자를 취하여, 미리암과 아론이 모세를 비방한 행동을 묵상합니다. 십보라가 죽은 뒤에, 애굽에서 함께 나온 검은 피부를 가진 여인을 아내로 맞아들였다고 생각됩니다.

'비방하니라.' 왜 미리암과 아론이 모세의 재혼을 비방거리로 삼았는지요? 그들은 겉으로 나타내지 않았을 뿐, 모세에 대한 시기와 질투를 갖고 있었습니다. 모세가 구스 여인을 취하자 비방했다고 깨닫습니다.

그들의 행위에서 교훈을 받게 하시니 감사합니다. 두 사람은 모세에 대한 교만함으로 모세와 비교하였고, 결국에는 비방으로 나아갔습니다.

이에, 하나님께서 미리암을 징계하사, 그녀가 이스라엘 백성 앞에서 수치를 당하도록 하셨습니다. 교만은 남을 시기하는 것으로 이르고, 하나님께 죄를 저지름이 된다고 깨닫습니다.

오늘, 모세의 구스 여인을 취함에서 하나님의 섭리를 내다봅니다. 장차 미래에 성취될 유대인과 이방인의 하나 됨이지요. 선민을 주장한 그들에게 열방을 향해서 하되 되게 하시는 하나님의 은혜를 보게 하십니다.

그 은혜는 주님 안에서 이루어졌다고 확신합니다. 저에게도 주님의 은혜를 보게 하시옵소서.

예수님의 이름으로 기도합니다. 아멘

모세가 구스 여자를

취하였더니 그 구스 여자를

취하였으므로 미리암과 아론이

모세를 비방하니라

나에게 주신 은혜

민 13:30
갈렙이 모세 앞에서 백성을 조용하게 하고 이르되
우리가 곧 올라가서 그 땅을 취하자 능히 이기리라 하나

우리가 곧 올라가서 그 땅을 취하자

하나님 아버지,
갈렙에게, "우리가 곧 올라가서 그 땅을 취하자 능히 이기리라." 고 권면하게 하시니 감사합니다. 하나님께서 갈렙을 세우셔서 동요하는 백성을 진정시키고, 하나님의 언약을 확인하도록 했다고 믿습니다.
가나안 땅을 정탐하고 돌아온 이들의 보고는 이스라엘 백성을 두려움에 빠지게 하였지만 갈렙은 그 땅에서 하나님을 보았다고 생각합니다. 그래서 그는 "그 땅을 취하자 능히 이기리라."라고 말했다고 생각합니다.
10 명의 정탐꾼들이 부정적인데서 보인 그의 태도는 여호와의 약속을 굳게 믿는 신앙이었음에 감격합니다. 환경을 초월하여 오직 하나님만을 신뢰하기에 때문에 담대할 수가 있었겠지요.
지금, 제가 꼭 가져야 할 신앙자의 모습이라고 받아들입니다.
'그들은 우리보다 강하니라.' 가나안의 원주민들은 정주하면서 지낸 터라 당연히 강했을 겁니다. 그렇지만 그 땅을 하나님께서 주신다는 약속을 받았습니다.
오늘, 저에게도 10 명이라는 숫자가 앞에서 단 한 사람이지만 하나님의 편에 서서 살아가며 행동하는 신앙으로 지내게 하시옵소서. 눈으로 보이는 것보다 하나님의 약속에 확신을 두게 하시옵소서.
예수님의 이름으로 기도합니다. 아멘

갈렙이 모세 앞에서 백성을

조용하게 하고 이르되 우리가

곧 올라가서 그 땅을 취하자

능히 이기리라 하나

나에게 주신 은혜

민 14:28(중-하)
여호와의 말씀에 내 삶을 두고 맹세하노라 너희
말이 내 귀에 들린 대로 내가 너희에게 행하리니

내 귀에 들린 대로

하나님 아버지,

“너희 말이 내 귀에 들린 대로 내가 너희에게 행하리니”라고 들려주시니 감사합니다. 이스라엘 백성이 혈기를 부려 하나님께 지껄였던 “이 광야에서 죽었더면 좋았을 것을” 이라고 한 말 그대로 그들을 죽이시기로 하셨다는 것을 믿습니다.

이스라엘 백성 중에서, 불신앙의 사람들이 하나님을 대적하고, 하나님께 폭언한 것을 들으셨음을 깨닫게 됩니다. 그들의 하나님께 대한 불신앙의 말에 ‘내 삶을 두고 맹세하노라’ 하셨음은 하나님의 진노였지요?

하나님께서 광야교회를 지키셨으며 그들을 인도하셨음을 확인합니다. 그 하나님께 감사하며, 신뢰했어야 하는 이스라엘 백성이었습니다. 그들 중에서 불신앙자들이 하나님을 대적했던 것이지요.

하나님께서는 지금, 저를 지켜보시며, 저의 언행심사를 다 알고 계시다는 것을 깨달으며 감격합니다. 그 누가 저를 지켜봅니까? 그 누가 저의 언행심사에 관심을 가집니까?

하나님의 인자하심을 새롭게 발견합니다. 하나님의 저를 향하신 사랑에 감사합니다. 이 땅에서 사는 날 동안에 하나님을 신뢰하며 따르게 하시옵소서. 하나님께 저의 입술을 주의하여 지내게 하시옵소서.

예수님의 이름으로 기도합니다. 아멘

여호와의 말씀에 내 삶을

두고 맹세하노라 너희 말이

내 귀에 들린 대로

내가 너희에게 행하리니

나에게 주신 은혜

민 15:38
이스라엘 자손에게 명령하여 대대로 그들의
옷단 귀에 술을 만들고 청색 끈을 그 귀의 술에 더하라

술을 만들고 청색 끈을

하나님 아버지,

이스라엘 백성의 "옷단 귀에 술을 만들고 청색 끈을 그 귀의 술에 더하라." 하시니 감사합니다. 이스라엘에서 율법은 꽃이라는 상징이므로 옷단 귀에 술을 만들어 달아서 항상 율법을 기억하게 한 줄로 믿습니다.

'술을 만들고.' 하나님께서는 외출할 때 입는 겉옷에는 끝단에 술을 만들어 달아 율법을 지키며 살아간다는 증거로 삼게 하셨습니다.

저에게 하나님의 백성으로 살아가고 있다는 증거, 외형적으로 나타낼 수 있는 것이 있는지를 돌아봅니다. 저 자신이 신자라는 것을 드러내는 것이 있는지요? 주님을 저의 몸에 지니게 하시옵소서. 저에게도 하나님을 사랑하는 사람이라는 외형적인 표식을 갖추게 하시옵소서. 하나님 앞에서 살아간다는, 자신을 지키기 위한 상징을 갖게 하시옵소서. 그것을 볼 때마다 하나님께의 사랑을 키우게 하시옵소서.

오늘, 제가 하나님의 백성이라는 것을 저 자신에게 확인하고, 남들에게도 알릴 수 있는 표식을 선택하게 하시옵소서.

숨어서 신자의 삶을 살지 않고, 남들에게 제가 예수의 사람이라는 것을 증거 하게 하시옵소서. 저 자신에게 '네가 누구냐' 묻지 않더라도 대답을 할 수 있는 것을 지니게 하시옵소서.

예수님의 이름으로 기도합니다. 아멘

이스라엘 자손에게 명령하여

대대로 그들의 옷단 귀에

술을 만들고 청색 끈을

그 귀의 술에 더하라

나에게 주신 은혜

민 16:1(하)
고라와 르우벤 자손 엘리압의 아들 다단과
아비람과 벨렛의 아들 온이 당을 짓고

고라와 다단과 아비람과 온

하나님 아버지,

레위 계열의 자손 고라가 자기 지파의 형제들을 충동해서 당을 짓게 한 것을 묵상합니다. 고라가 당을 지어 모세를 거스르다가 하나님이 진노로 죽임을 다하였다고 믿습니다.

고라는 자신도 모세와 아론처럼 지도자로서의 자격이 충분히 있다고 생각했던 것일까요? 다단과 아비람 등은 르우벤 지파 출신이었는데, 당을 짓는 고라의 반역에 동조한 것을 생각합니다.

고라의 일당은 이스라엘의 장자 집안 출신이므로, 그들의 교만으로 인해 반란에 임했다고 추론해 봅니다.

'땅이 그 입을 열어.' 땅이 갈라져 그들은 서있던 채로 땅에 삼켜지는 하나님의 심판을 받았습니다. 하나님께 거룩한 일에 부름을 받았을지라도 하나님을 대적하면 심판을 받는다는 것을 확인합니다.

오늘, 그들의 죽음에서 저를 보게 하시옵소서. 하나님을 경외하지 않는 행동이 얼마나 많았는지요? 교회공동체 안에서 섬겨야 할 지체에게 저의 생각과 다르다 하여 논쟁을 벌이기 일쑤였습니다.

따라야 할 지체를 존경하게 하시고, 여호와께 존귀한 성도로 섬기게 하시옵소서. 그리하여 하나님께 두려워하는 마음을 갖게 하시옵소서.

예수님의 이름으로 기도합니다. 아멘

고라와 르우벤 자손

엘리압의 아들 다단과

아비람과 벨렛의

아들 온이 당을 짓고

나에게 주신 은혜

민 17:8(하)
레위 집을 위하여 낸 아론의 지팡이에 움이 돋고
순이 나고 꽃이 피어서 살구 열매가 열렸더라

움이, 순이, 꽃이, 열매

하나님 아버지,

“아론의 지팡이에 움이 돋고 순이 나고 꽃이 피어서 살구 열매가 열리게” 하시니 감사합니다. 나무막대기에서 하룻밤 만에 일어난, 그 기적은 분명히 생명의 능력이신 하나님에 의한 역사인 줄로 믿습니다.

하룻밤이라는 짧은 시간에 자연의 이치에 따라 움이 돋고 순이 나고 꽃이 피어서 살구 열매가 열리게 하셨습니다.

살구나무가 이미 말라버려 아론이 그 가지로 지팡이를 만들었다고 생각합니다. 그런데 하나님께서 그 마른 나뭇가지에 생명력을 불어 넣으셨다고 믿습니다. 그리하여 그 밤의 시간에 열매를 맺어지는 과정을 거쳐서 아론의 지팡이에 살구 열매가 열리게 되었음에 감격합니다.

-마른 나뭇가지에 생명력을 불어넣어 주신 하나님,

-공개적으로 아론을 ‘택한 자’로 인정하신 하나님

이로써 하나님께서는 친히 사람을 선택하신다는 것을 보여 주셨다고 깨닫습니다. 오늘, 저는 주 예수님께서 흘려주신 보혈의 공로로 하나님께 자녀가 되었다고 믿고 있습니다. 아론은 그의 지팡이로 증거가 되었지만 저에게는 피 흘려 죽어주신 주님이 증거가 되신다고 믿습니다. 저에게도 하나님은 늘 깨어 계심을 경험하게 하시옵소서.

예수님의 이름으로 기도합니다. 아멘

레위 집을 위하여 낸

아론의 지팡이에 움이 돋고

순이 나고 꽃이 피어서

살구 열매가 열렸더라

나에게 주신 은혜

민 18:1(상)
여호와께서 아론에게 이르시되 너와 네 아들들과
네 조상의 가문은 성소에 대한 죄를 함께 담당할 것이요

성소에 대한 죄를 함께

하나님 아버지,
아론에게, "너와 네 아들들과 네 조상의 가문은 성소에 대한 죄를 함께 담당할 것이요." 라고 하시니 감사합니다. 하나님께서는 제사장과 고핫 자손에게 성소와 관련된 죄에 대한 책임을 물으시는 줄로 믿습니다.
그들에게는 성소의 거룩함이 훼손되지 않도록 봉사해야 한다는 것을 깨닫습니다. 성소에서 하나님의 거룩성에의 침범이나 하나님의 영광을 훼손하는 죄에 대하여 방지해야 될 의무가 있음을 확인합니다.
저는 어떠한가요? 저에게도 하나님의 자녀로서의 의무와 책임이 있음을 생각합니다. 이 땅에서 지내는 동안에 교회공동체에서 지체로서의 의무도 결코 소홀히 할 수 없음을 깨닫습니다.
저 자신의 거룩함과 주님의 몸인 교회를 위하는 일 그리고 이 땅에서 살아가는 동안에 복음의 증인으로서의 의무에 최선을 다하게 하시옵소서. 하나님의 의를 이루며, 하나님의 나라를 확장하는데 성실하게 하시옵소서. 하나님을 기쁘시게 해드림을 우선으로 삼게 하시옵소서.
만일, 제가 저의 의무에 게으르거나 소홀할 때, 하나님께서 견책하심을 생각합니다. 하나님의 영광을 가린다든지 하나님께 훼방자가 되지 않도록 저를 다스리게 하시옵소서.
예수님의 이름으로 기도합니다. 아멘

여호와께서 아론에게 이르시되
너와 네 아들들과 네 조상의
가문은 성소에 대한 죄를
함께 담당할 것이요

나에게 주신 은혜

흠없는 것으로 드릴지니

1판 인쇄일 2020년 11월 23일
1쇄 발행일 2020년 11월 26일

지은이 _ 한치호
펴낸이 _ 한치호
펴낸곳 _ 종려가지
등 록 _ 제311-2014-000013호(2014. 3. 20)
주 소 _ 서울특별시 은평구 은평로 14길, 9-5
전화 02. 359. 9657
디자인 _ 표지 이순옥 / 본문 구본일
제작대행 세줄기획(이명수) 전화 02. 2265. 3749
영업(총판) 일오삼(민태근)
전화 02. 964. 6993, 팩스 02. 2208. 0153

값 4,000 원

ISBN 979-11-90968-07-2 03230

잘못 만들어진 책은 구입하신 서점에서 바꾸어 드립니다.
책의 주문 및 영업에 대한 문의는 영업대행으로 해주십시오.
문서사역에 대한 질문은 010. 3738. 5307로 해주십시오.

이 도서의 국립중앙도서관 출판예정도서목록(CIP)은 서지정보유통지원시스템 홈페이지(http://seoji.nl.go.kr)와 국가자료종합목록 구축시스템(http://kolis-net.nl.go.kr)에서 이용하실 수 있습니다. (CIP제어번호 : CIP2020049120)